Les Oscillations du Sol terrestre.

Revue des Deux Mondes 1. janvier 1865

# LES OSCILLATIONS

DU

# SOL TERRESTRE

I. *The geological Evidences of the Antiquity of Man*, by sir Charles Lyell, London, Murray, 1863. — II. *Inaugural Address of sir Charles Lyell to the British Association at Bath*, 1864. — III. *Nord-Fahrt*, von Georg Berna, erzaehlt von Carl Vogt, Frankfurt 1863. — IV. *Geological Observations on South America*, by Charles Darwin. — V. *The Structure and distribution of Coral reefs*, by Charles Darwin.

Le sol, que les peuples considèrent encore comme le symbole de l'immuable, est au contraire dans un état d'oscillation constante. L'enveloppe de la terre, sollicitée d'un côté par les astres de l'espace, comprimée de l'autre par la vapeur, les gaz et les matières fondues de l'intérieur du globe, ne cesse d'onduler, comme le ferait un radeau s'élevant et s'abaissant sur les flots de la mer. Sans parler ici des tremblemens de terre qui font écrouler des pans de montagnes, renversent les cités et tarissent les fleuves, d'autres ondulations, que les instrumens délicats des physiciens peuvent seuls reconnaître, remuent incessamment dans toute son épaisseur les parties rocheuses de la planète. D'imperceptibles frissons, déterminés sans doute par les courans de chaleur et d'électricité, se propagent à travers les continens. Et non-seulement l'écorce terrestre est secouée à chaque instant par ces vibrations infiniment petites, elle est en outre animée de mouvemens uniformes et d'une incalculable puissance, qui sur divers points la soulèvent et sur d'autres la dépriment relativement au niveau de la mer. Ces gonflemens et ces dépressions, qui rappellent les phénomènes des corps organisés, s'accomplissent le plus souvent avec une telle lenteur que, pour les constater d'une manière certaine, des générations successives d'observateurs doivent laisser des années ou même des siècles s'écouler. La « terre patiente » semble rouler inerte dans l'espace, et pourtant elle travaille sans relâche à modifier la forme de ses mers et de ses rivages. Durant chaque période géologique, la surface continentale, immobile en apparence, se redresse en certains endroits à une grande hauteur au-dessus de l'océan; ailleurs elle s'abîme sous les eaux; partout l'antique relief et les contours du sol se modifient lentement. Suivant quelle loi, dans quel ordre géographique, avec quelle vitesse relative se produisent ces oscillations graduelles qui ont pour résultat de changer à la longue l'aspect général du globe? La science n'est point encore en mesure de répondre à ces questions d'une manière positive; mais en attendant que les géologues puissent évaluer avec exactitude les dimensions et la marche de chaque vague de soulèvement formée par l'écorce du globe, il est du moins possible de grouper les faits principaux qui se rapportent aux mouvemens oscillatoires des continens et du fond des mers. C'est là ce que nous essaierons de faire dans cette étude, en évitant des citations trop nombreuses, mais en ne cessant de nous appuyer sur le témoignage des hommes éminens qui depuis Léopold de Buch jusqu'à MM. Darwin et Lyell ont élucidé cette importante question de l'instabilité des terres. De minces coquilles brisées, des restes de polypiers épars, des rainures à peine visibles marquées çà et là sur le flanc des rochers, tous ces indices devant lesquels la foule passait indifférente, sont devenus, grâce à la patience et à la sagacité des observateurs, autant de preuves irréfragables des balancemens réguliers du sol. Chaque année, les savans constatent sur divers points de la terre des phénomènes de soulèvement jusqu'alors inconnus; mais il leur reste encore à présenter d'une manière générale l'ensemble de tous ces mouvemens de l'écorce planétaire. C'est là pourtant un des sujets de recherche qui offrent le plus haut intérêt scientifique, car la terre est notre demeure. Il importe de savoir comment le sol empiète sur l'océan ou recule devant lui, comment il se déplace sous nos pas et se modifie diversement tandis que nous nous agitons à sa surface. D'ailleurs c'est en étudiant l'enveloppe du globe que nous apprendrons à en mieux connaître les profondeurs; c'est en nous rendant compte des révolutions présentes que nous découvrirons dans tous ses détails l'histoire géologique des âges d'autrefois.

## I.

Dans les mouvemens du sol, il faut distinguer ceux qui sont produits par la pression lente des forces intérieures et ceux que déterminent des causes passagères, telles que la plus ou moins grande abondance d'eau contenue dans les couches superficielles, l'activité de l'évaporation, le drainage, la mise en culture des campagnes. Ainsi les tourbières qui se forment graduellement dans les terrains bas des vallées à la place des lacs et des marais retiennent l'eau dans leurs amas de mousses comme dans une immense éponge, et, se gonflant peu à peu, finissent par s'élever à une hauteur de plusieurs mètres au-dessus de l'ancien niveau du sol. La grande tourbière marécageuse de la Caroline du nord, connue sous le nom de *Dismal Swamp*, s'est tellement enflée vers son milieu que le chemin de fer de Portsmouth à Suffolk a dû en gravir le versant par une rampe d'environ deux mètres. En revanche, les tourbières que des travaux de drainage ont asséchées s'affaissent graduellement; les mousses se flétrissent, se tassent et se réduisent en poussière; on dirait que le sol est lentement aspiré vers l'intérieur de la terre par quelque force secrète.

Du reste, on ne saurait s'étonner de ces phénomènes alternatifs de turgescence et de dégonflement qu'offre le sol tourbeux, puisqu'une simple variation de température suffit pour produire des résultats analogues dans les assises compactes des montagnes. Le jour, les molécules des rochers se dilatent sous l'influence des rayons solaires; la nuit, elles se refroidissent, se contractent par suite du rayonnement, et la masse totale s'abaisse d'une quantité qui n'est pas toujours inappréciable aux instrumens. Ainsi l'astronome chilien Moesta a pu constater que l'observatoire national du Chili, situé sur la colline de Santa-Lucia, près de Santiago, monte et descend alternativement dans l'espace de vingt-quatre heures : l'oscillation diurne des rochers qui se dilatent et se resserrent tour à tour est même assez considérable pour qu'il soit nécessaire d'introduire cet élément de calcul dans les formules mathématiques consacrées aux observations régulières. Des phénomènes semblables, mais déterminés par des causes différentes, se produisent sous l'observatoire d'Armagh, en Irlande. Après les fortes pluies, la colline qui porte l'édifice s'élève sensiblement; puis, lorsqu'une évaporation active l'a débarrassée de la trop grande quantité d'eau contenue dans ses pores, elle s'abaisse de nouveau.

Les secousses plus ou moins violentes imprimées au sol dans les contrées volcaniques produisent des changemens de niveau bien supérieurs aux faibles oscillations causées par la chaleur du soleil ou les météores de l'atmosphère; mais ces changemens de niveau n'en sont pas moins des phénomènes locaux, et bien qu'ils se rattachent sans doute au même ordre de faits que les élévations et les dépressions lentes, il faut les distinguer nettement des mouvemens séculaires qui font ployer l'écorce du globe sous des continens entiers. Comme exemple de ces ondulations locales, qui sont de simples accidens dans l'histoire de la planète, on peut citer celle que le tremblement de la Concepcion fit éprouver temporairement en février 1835 à l'île Santa-Maria et à la côte opposée du continent chilien. Le rivage le plus rapproché de la ville avait été soulevé verticalement d'un mètre et demi, tandis que l'île, déracinée pour ainsi dire par la violence du choc souterrain, s'était exhaussée obliquement de 2 mètres et demi à sa pointe méridionale et de 3 mètres à l'extrémité du nord. Deux mois après, la plage de la Concepcion se trouvait à 60 centimètres à peine au-dessus de son ancien niveau, et l'île s'était abaissée en proportion. Enfin, vers le milieu de l'année, toute trace de soulèvement avait disparu, et l'eau de la mer venait affleurer exactement la ligne sinueuse de débris qu'elle baignait avant la catastrophe. Les fameuses colonnes du temple de Sérapis, qui se dressent au bord de la Méditerranée, non loin de Pouzzoles, portent également sur leurs fûts de marbre blanc les preuves d'oscillations purement locales.

Sur toutes les côtes où les amas de coquilles modernes laissés à sec et les gradins creusés à différentes hauteurs dans les parois des falaises fournissent le témoignage irréfragable d'un soulèvement progressif du sol, c'est évidemment par des mesures directes et par des comparaisons de niveau effectuées à des intervalles plus ou moins longs que les savans doivent étudier la marche du phénomène. Depuis plus de cent trente ans déjà, le Suédois Celsius a eu l'idée de recourir à ces moyens, non pas dans l'intention de constater la croissance de la péninsule scandinave, croissance qui ne lui semblait point probable, mais afin de démontrer le changement de niveau présumé des eaux de la mer Baltique. Il savait, d'après le témoignage unanime des paysans du littoral, que le golfe de Bothnie diminue sans cesse en profondeur et en étendue; les vieillards lui montraient les divers points de la côte où la mer venait affleurer pendant leur enfance, et signalaient en outre les anciennes lignes de niveau que les flots avaient tracées jadis dans l'intérieur des terres; d'ailleurs, les noms de lieux, la position plus ou moins continentale d'édifices construits autrefois sur le rivage, enfin les monumens écrits et les chants populaires ne pouvaient laisser aucun doute sur la retraite des eaux marines. A cette époque, où les savans croyaient encore à l'immuable solidité de la charpente osseuse du globe, Celsius devait naturellement attribuer l'accroissement incessant du littoral à la dépression graduelle du niveau de la mer. En 1730, il émit l'hypothèse que la Baltique s'abaissait d'environ trois pieds tous les cent ans, puis, ayant tracé l'année suivante, en compagnie de Linné, un point de repère à la base d'un rocher de l'île Loeffgrund, située non loin de Gefle, il put constater par ses propres yeux, treize ans plus tard, que le rétrécissement de la mer Baltique s'accomplissait plus vite encore qu'il ne l'avait supposé (1).

Depuis le siècle dernier, tous les géologues qui ont visité les côtes de la Suède n'ont eu qu'à vérifier et à compléter les observations de Celsius et de Linné; mais ils ont dû renverser l'hypothèse première de l'abaissement graduel des eaux et reconnaître d'une manière certaine que les mouvemens attribués par erreur à la masse liquide de la Baltique étaient bien ceux du continent lui-même. C'est la terre, et non point la mer, qui est en réalité l'élément mobile et changeant. En effet, si le niveau marin s'abaissait progressivement, ainsi qu'on le supposait autrefois, l'eau, dont la surface, grâce à la pesanteur, se maintient toujours horizontale, se retirerait également sur le pourtour de la presqu'île scandinave et même sur tous les rivages des mers. Il n'en est point ainsi. Tandis qu'à l'extrémité septentrionale du golfe de Bothnie, vers l'embouchure de la Tornea, le continent émerge de 1m,60 par siècle, il s'élève seulement de 1 mètre par le travers des îles d'Aland; au sud de cet archipel, il grandit plus lentement encore. Vers Calmar et Carlscrona, la ligne du rivage ne change pas relativement au niveau de la mer; enfin la pointe terminale de la Scanie s'enfonce graduellement sous les eaux de la Baltique. Plusieurs rues des villes de Malmoe, Trelleborg, Ystad, ont déjà disparu, et depuis les observations faites par Linné la côte a perdu en moyenne une zone de 30 mètres de large.

Sur les côtes occidentales de la péninsule scandinave, les phénomènes qui prouvent un soulèvement récent du sol sont aussi nombreux que sur les rives orientales; mais on n'a pas encore mesuré la rapidité du mouvement d'ascension, qui d'ailleurs est certainement moins considérable qu'en Suède. La pointe terminale du Jutland s'élèverait, d'après Forchammer, de 30 centimètres par siècle; à Christiania, la poussée intérieure est peut-être moins forte, car depuis trois cents ans le pavé de l'ancienne ville paraît être stationnaire; enfin, plus au nord, la position actuelle de divers édifices situés dans l'île de Munkholm, près de Trondhjem, prouve que de-

(1) La différence de niveau observée pendant ces treize années était de 0m,18, soit de 1m,385 pour un siècle.

puis mille ans l'élévation du sol a été moindre de 6 mètres. C'est là tout ce que l'on sait d'une manière positive; la comparaison des diverses lignes de niveau et l'examen des autres indices d'un soulèvement lent semblent toutefois démontrer qu'en dépit d'inégalités nombreuses dans la marche du phénomène, c'est bien la partie du littoral la plus rapprochée du pôle qui émerge le plus rapidement hors des flots. Des plages élevées, que l'on peut suivre du regard comme des gradins d'amphithéâtre, s'étagent à diverses hauteurs sur les pentes des montagnes; des amas de coquillages modernes se montrent jusqu'à 150 et 200 mètres au-dessus du niveau marin, et les grands arbustes de corail rose formés par la *lophelia prolifera,* qui ne peut vivre dans la mer qu'à une profondeur variable de 300 à 600 mètres, sont maintenant soulevés jusqu'à la base des falaises. Enfin les bois de pins qui revêtent les sommets, et que les forces souterraines ne cessent d'exhausser vers la limite inférieure des neiges, dépérissent peu à peu dans l'atmosphère refroidie, et de larges lisières de forêts ne se composent plus que d'arbres morts, quoique restant encore debout depuis des siècles.

L'ensemble des faits connus au sujet des mouvemens du sol de la Scandinavie autorise donc les savans à comparer la péninsule tout entière à un plan solide tournant autour d'une ligne d'appui et redressant une de ses extrémités pour abaisser l'autre dans la même proportion. Les golfes de Bothnie et de Finlande, pareils à des vases que l'on incline, épanchent lentement leurs eaux dans le bassin méridional de la Baltique; de nouveaux îlots, des rangées d'îles apparaissent successivement, des écueils se révèlent, et si l'élévation du fond de la mer continue de s'accomplir avec la même régularité que dans les siècles historiques, on peut déjà prédire qu'au bout de deux mille ans l'archipel des Qvarken, entre Umea et Vasa, sera changé en isthme, et transformera le golfe de Tornea en un lac intérieur semblable à celui de Ladoga. Dix-huit siècles plus tard, les îles d'Aland seront à leur tour rattachées au continent et serviront de pont entre Stockholm et le territoire de la Russie. D'ailleurs il est très probable, sinon certain, que les grands lacs et les innombrables pièces d'eau qui remplissent toutes les vasques de granit de la Finlande ont remplacé un ancien bras de mer réunissant naguère la Baltique au grand Océan polaire. Les blocs granitiques épars sur tous les points de la Russie ne peuvent avoir été transportés que par des convois de glaces venus par mer des montagnes de la Suède. Le nom de Scandinavie lui-même signifie *île de Scand,* et le nom de Bothnie (*Botten*) prouve que ces provinces riveraines sont un ancien fond marin. Ici la linguistique vient donc en aide à la géologie et à la tradition.

Ce n'est pas tout. La méditerranée baltique communiquait aussi avec la Mer du Nord par un large canal, dont les lacs Mälar, Hjelmar et Wenern occupent aujourd'hui les plus profondes dépressions. Des amas considérables d'huîtres se trouvent en plusieurs endroits sur les hauteurs qui dominent ces grands lacs de la Suède méridionale. Sur les écueils mis à sec qui entourent le golfe de Bothnie, on a également découvert des bancs de ces mollusques, entièrement semblables à ceux de la Norvége et des côtes occidentales du Danemark. Quant aux célèbres *kjoekkenmoeddinger* des îles danoises, ils sont en grande partie composés d'huîtres que les habitans de l'âge de pierre recueillaient évidemment sur les fonds des baies voisines. Les recherches de M. de Baer ont établi que l'huître ne peut vivre et se développer dans une eau dont la teneur en sel est moindre de 16 ou 17 pour 1,000 (1). Or la mer Baltique, à laquelle ses nombreux tributaires apportent une grande quantité d'eau douce, se dessale peu à peu; maintenant elle ne contient plus en dissolution, suivant les divers parages, que 1 centième ou 5 millièmes de sel, et même au fond des golfes l'eau est devenue presque entièrement douce. Il est donc certain que la mer Baltique et les lacs intérieurs étaient jadis salés comme l'est de nos jours la Mer du Nord, et d'où pouvait provenir cette salure, sinon d'un ancien détroit, occupant la dépression où les ingénieurs suédois ont creusé le canal de Trolhätta? D'après M. de Baer, c'est à cinq mille ans au plus avant notre siècle qu'il faudrait faire remonter la fermeture de ce grand détroit.

Depuis que Léopold de Buch a mis hors de doute le fait considérable du soulèvement graduel de la Scandinavie septentrionale, divers géologues ont constaté que l'élévation ne se produit pas d'une manière parfaitement uniforme. Pendant les siècles passés, le mouvement s'est tantôt accéléré, tantôt ralenti, ainsi que le prouve l'inégalité des plages superposées qui se prolongent sur les flancs des montagnes du littoral norvégien. Quelques-unes de ces marches que les vagues ont sculptées dans le roc sont larges et doucement inclinées; d'autres sont abruptes et se distinguent à peine des pentes supérieures; enfin les mesures directes opérées par M. Bravais sur les lignes d'érosion de l'Altenfjord ont prouvé qu'elles ne sont point parallèles, et que les masses rocheuses situées vers le fond des golfes ont été plus énergiquement soulevées que les assises plus rapprochées de la mer. Un écrivain compétent, qui fut aussi le compagnon de Bravais, M. Charles Martins, a exposé dans la *Revue* même l'ingénieuse hypothèse par laquelle le professeur Vogt cher-

(1) L'huître prospère dans les mers qui contiennent de 20 à 30 pour 1,000 de sel; là où la quantité de sel est supérieure à 37 ou moindre de 18 pour 1,000, elle dépérit.

che à expliquer cette inégalité d'élévation (1). Qu'il nous suffise de dire que d'après cette théorie les roches de diverse nature, schistes, grès ou calcaires, qui composaient les montagnes de la péninsule scandinave n'ont cessé de se gonfler par suite de l'infiltration des eaux de neige, et, grâce à de nouvelles cristallisations s'opérant par voie humide, se sont peu à peu transformées en masses de granit stratifié.

Cette hypothèse, très discutée par les géologues, expliquerait le redressement des lignes d'érosion de la côte norvégienne près du massif des montagnes; mais elle ne rend point compte des intervalles de repos relatif, ni surtout de l'affaissement du sol que plusieurs faits géologiques prouvent avoir eu lieu durant la période glaciaire. Il est donc nécessaire d'admettre que d'autres forces géologiques sont à l'œuvre dans la masse solide de la Scandinavie. D'ailleurs il ne faut point perdre de vue que le soulèvement de cette péninsule n'est pas un fait isolé, et que les autres contrées du nord de l'Europe et de l'Asie semblent, malgré la diversité de leurs roches, être toutes animées d'un mouvement d'ascension. Les îles du Spitzberg offrent en général, entre la rive actuelle de la mer et les montagnes, d'anciennes plages doucement inclinées et larges de 1 à 4 kilomètres où l'on trouve, jusqu'à une hauteur de 45 mètres, des amas d'os de baleines et de coquillages de l'époque actuelle : ces débris, entourant toutes les pentes neigeuses du Spitzberg, prouvent que cet archipel, comme la Scandinavie, émerge graduellement des flots de l'Océan polaire. Les côtes septentrionales de la Sibérie s'élèvent également, si l'on en croit les traditions populaires et les témoignages recueillis par les voyageurs. On découvre au milieu des *toundras*, et même sur des collines fort élevées, de grandes quantités de bois à moitié pourri que les vagues de la mer ont jetées autrefois sur le rivage, et qui en sont actuellement éloignées de 40 ou 50 kilomètres; l'île de Diomida, que Chalaourof avait reconnue en 1760, à l'est du cap Sviatoj, était rattachée au continent soixante ans plus tard, lors du voyage de Wrangell.

Les falaises de l'Écosse offrent aussi des phénomènes semblables à ceux de la Scandinavie. Des lignes parallèles de niveau tracées par les flots sur les escarpemens des rochers et parsemées des coquillages des mers voisines attestent l'élévation graduelle de cette partie de la Grande-Bretagne. Ce mouvement d'ascension se continue toujours, car on a constaté que les anciennes terrasses d'origine marine situées au-dessus des estuaires de la Forth, de la Tay, de la

(1) Voyez, dans la *Revue* du 15 août 1863, *Un Tour de naturaliste dans l'extrême Nord.* Voyez aussi *Nord-Fahrt,* de Carl Vogt, pages 358 et suivantes.

Clyde, contiennent non-seulement des restes organiques des âges récens, mais aussi des amas de poteries d'origine romaine. Depuis que ces débris ont été rejetés sur le rivage, le sol s'est élevé de 8 mètres environ; or, par une remarquable coïncidence, c'est à 8 mètres au-dessus du niveau des hautes marées que s'arrête l'antique muraille d'Antonin, qui du temps des Romains servait de barrière contre les Pictes. L'exhaussement général de la contrée peut donc être évalué à 5 millimètres par an. Plus au sud, les montagnes du pays de Galles portent aussi sur leurs flancs de nombreux témoignages du séjour de la mer pendant la période actuelle. Récemment M. Darbishire a découvert non loin du Snowdon, à 414 mètres de hauteur, un terrain de transport renfermant cinquante-quatre espèces de coquillages dont les pareils vivent encore dans les mers septentrionales de l'Europe; le même terrain, dépourvu de coquilles il est vrai, se retrouve à 200 mètres plus haut.

Ainsi, du pays de Galles au Spitzberg et aux côtes orientales de la Sibérie, les terres n'ont cessé de grandir lentement durant une partie de la période glaciaire et pendant l'époque actuelle : l'aire d'élévation comprend un espace de la rondeur terrestre qui n'est pas moindre de 160 degrés en longitude. En présence de ces faits, doit-on considérer les phénomènes de soulèvement comme de simples accidens locaux que produisent le gonflement des roches et les secousses volcaniques, ou bien doit-on y voir les résultats d'une cause générale agissant de diverses manières sous la superficie de toute la planète? La dernière hypothèse nous paraît la plus probable.

## II.

Les contrées du sud de l'Europe sont certainement celles de la terre qui sont le plus gracieusement découpées. Des baies, des golfes, des mers intérieures, les pénètrent en diverses directions; projetées en péninsules qui présentent la plus grande variété de contours et d'aspects, elles sont devenues vivantes, pour ainsi dire, grâce à leurs nombreuses articulations, pareilles à celles d'un corps organisé. A cette multiplicité de formes extérieures correspondent de singulières inégalités et des contrastes exceptionnels dans les mouvemens du sol. Un certain enchevêtrement se manifeste çà et là entre les régions soulevées et celles qui s'abaissent. Aussi, quoique le nombre des observateurs soit plus considérable en Europe que dans toutes les autres parties du monde, les phénomènes d'élévation ou d'affaissement n'y sont point constatés sur tous les rivages, et pendant longtemps encore il sera sans doute impossible d'indiquer d'une manière précise les limites de chaque vague de renflement. Toutefois assez d'observations sont réunies pour que l'on puisse admettre d'une manière générale le soulèvement de la plupart des contrées qui entourent le bassin de la Méditerranée. Ces régions, que des forces volcaniques font osciller en maints endroits, constitueraient une grande aire d'élévation, des déserts sahariens à la France centrale et des côtes de l'Espagne aux steppes de la Tartarie. Tandis que la péninsule montagneuse de Scandinavie est située au milieu des régions soulevées de l'Europe septentrionale, la longue dépression de la Méditerranée occuperait, par une sorte de polarité, le milieu des vastes territoires qui s'exhaussent graduellement au midi de l'Europe et au nord de l'Afrique.

Jadis cet immense espace était limité, du côté de la zone tropicale, par une autre mer ou du moins par un détroit large de plusieurs centaines de kilomètres, qui commençait au golfe des Syrtes, et, remplissant les dépressions du Sahara berbère, allait s'unir à l'Atlantique en face de l'archipel des Canaries. Il n'est pas besoin de rappeler aux lecteurs de la *Revue* l'excursion que MM. Martins, Escher de la Linth et Descr firent dans le Sahara pendant l'hiver de 1863 (1). Les savans géologues ont constaté, après M. Charles Laurent, que les sables de cette région sont tout à fait identiques à ceux des plages les plus voisines de la Méditerranée et contiennent les mêmes espèces de coquillages. Un de ces témoins du passé, la clavisse commune (*cardium edule*), se trouve non-seulement à la surface du sol, mais aussi à une certaine profondeur, et jusqu'à 275 mètres d'altitude sur les pentes des collines. Le Sahara d'Algérie s'est donc élevé de toute cette hauteur pendant une période géologique récente; diverses dépressions, dont la superficie est de 90 mètres plus basse que le niveau de la Méditerranée, ont été graduellement séparées de la mer, et de nos jours elles n'offrent plus que des eaux marécageuses ou d'interminables plaines. A une époque très récente et peut-être historique, le lac Tritonis des anciens, actuellement la Sebkha-Faraoun, a cessé d'être un prolongement du golfe de Gabès pour devenir un simple marais. C'était le dernier reste du bras de mer qui séparait du continent africain les régions montagneuses de l'Atlas, naturellement si distinctes de la Libye par leur aspect général, ainsi que par leur faune et leur flore. A l'existence de cette méditerranée d'Afrique, que remplacent aujourd'hui des sables blancs de sel et des rochers dépouillés de verdure, MM. Escher de la Linth et Lyell attribuent en grande partie

(1) Voyez les études de M. Charles Martins intitulées *le Sahara, souvenirs d'un voyage d'hiver*, dans les livraisons du 15 juillet et du 1er août 1864 de la *Revue*.

l'énorme étendue des anciens glaciers de l'Europe. Il est en effet très naturel de penser qu'avant l'asséchement de cette mer intérieure, les masses d'air entraînées vers le nord se saturaient d'humidité en passant au-dessus des eaux, et, s'élevant peu à peu dans les régions supérieures, apportaient sans cesse aux cimes des Alpes de nouvelles couches de neige, au lieu de les fondre comme le fait actuellement le redoutable *föhn*, vent suréchauffé par la réverbération du sable brûlant d'Afrique. Il est possible d'ailleurs que les montagnes de la Suisse aient diminué d'élévation depuis la période glaciaire. La même oscillation du sol qui a vidé la méditerranée libyenne a peut-être aussi, par contre-coup, déprimé les fondemens des Alpes pour les rapprocher du niveau de l'océan.

Sur les bords de la Méditerranée, les indices qui peuvent faire croire à un soulèvement du sol se montrent en foule. Ainsi les plages de la Tunisie ne cessent d'empiéter sur les eaux de la mer. Les anciens ports se comblent (1), les baies s'oblitèrent, les pointes s'avancent de plus en plus, et ces phénomènes s'accomplissent avec assez de rapidité pour que le changement dans l'aspect des rivages ne puisse pas être attribué seulement à l'apport des sables marins : il faut y voir sans doute l'effet d'une poussée verticale semblable à celle qui souleva jadis le fond des mers du Sahara. De même la Sicile, que l'on pourrait comparer à une énorme boursouflure volcanique rattachée à Pantellaria et aux promontoires de la Tunisie par un isthme sous-marin, est constamment exhaussée par les forces à l'œuvre sous les couches de sa surface. Sur les hauteurs qui dominent la conque de Palerme, on remarque à 55 mètres d'élévation des grottes que la mer s'est creusées pendant la période des coquillages encore existans. Sur la côte orientale de l'île, M. Gemellaro a constaté un exhaussement récent de plus de 13 mètres. En Sardaigne, non loin de Cagliari, M. de La Marmora signale, comme se trouvant à la hauteur de 74 et même de 98 mètres, un dépôt soulevé qui renferme des restes de poterie mêlés à des coquillages modernes, et qui se trouvait par conséquent au niveau de la mer à une époque où l'homme habitait déjà la contrée. Enfin, pour compléter la revue des principaux faits de soulèvement qui ont eu lieu durant la période géologique actuelle autour du bassin occidental de la Méditerranée, il faut citer l'émergence d'une grande partie des îles Baléares et celle des anciennes grottes marines de Ventimille et de Menton, ainsi que l'exhaussement des bancs de coquillages découverts par M. Risso sur le cap de Saint-Hospice, à 12 mètres d'élévation. Ces faits, et d'autres encore, permettent de croire au

(1) M. Guérin, dans son *Voyage archéologique à la Régence de Tunis*, cite parmi les ports complétement ou presque entièrement mis à sec ceux de Carthage et d'Utique, de Mahédia, de Porto-Farina, de Bizerte, d'Hamman-Korbès, de Kelibia, de Kourba.

mouvement général de la contrée. Il semble probable à plusieurs géologues que la France entière, agitée par un léger et presque imperceptible frisson, se soulève lentement du côté du sud et pivote sur une ligne d'appui passant par la péninsule de Bretagne. En tout cas, il est certain que les côtes du Poitou, de l'Aunis et de la Saintonge n'ont cessé de croître verticalement depuis l'époque historique. « La *banche* pousse, » disent les habitans du littoral, qui depuis longtemps observent l'élévation graduelle du terrain.

Les phénomènes du même genre sont aussi très communs dans les îles et sur le pourtour du bassin oriental de la Méditerranée. De même que la Sicile et plusieurs parties du littoral de l'Italie et de la Grèce, un grand nombre d'îles, Malte, Rhodes, Chypre, sont entourées de terrasses circulaires plus ou moins élevées au-dessus du niveau de la mer et composées de roches calcaires ou sablonneuses de formation récente (1). L'étude des côtes de l'Asie-Mineure prouve que là aussi le sol n'a cessé, durant l'époque humaine, de s'élever d'un mouvement assez rapide. Depuis les temps historiques, cette partie du continent s'est élargie d'une zone considérable aux dépens de la mer Égée, et ce ne sont pas les alluvions des fleuves ni les relais de la mer qui ont produit cet accroissement de territoire, car les rivières de l'Anatolie n'ont qu'un faible développement et les eaux qui baignent les côtes ne peuvent, à cause de leur grande profondeur, apporter beaucoup de sable. C'est donc par suite d'un soulèvement lent de l'écorce terrestre que les ruines de Troie, de Smyrne, d'Éphèse, de Milet, se sont graduellement éloignées du rivage et semblent reculer de plus en plus dans l'intérieur des terres. C'est aussi pour la même raison que tant d'îles de la mer Égée, jadis distinctes, se sont réunies les unes aux autres ou bien se sont rattachées au continent pour former des promontoires ou de simples collines environnées de plaines basses. Les témoignages des auteurs anciens sont unanimes au sujet de ces empiétemens des plages. Durant les siècles de la civilisation grecque, les deux moitiés de Lesbos, Issa et Antissa, se seraient unies en une seule terre, et diverses îles auraient rejoint la terre-ferme à Mindus, à Milet, au cap Parthénion, à Éphèse, près d'Halicarnasse et de Magnésie. Depuis cette époque, l'île de Lade, non loin de laquelle les galères ioniennes livrèrent une grande bataille à la flotte des Perses, s'est également transformée en un monticule entouré d'alluvions.

Les côtes qui bordent la Mer-Noire en Europe et en Asie présentent aussi des témoignages importans en faveur d'un soulèvement du sol qui se serait accompli pendant la période actuelle. On peut citer, entre autres indices, les bancs de coquillages modernes que

(1) Voyez un travail de M. Albert Gaudry dans la *Revue* du 1er novembre 1861.

M. de Tchihatchef a trouvés sur les collines de Thrace et sur celles d'Anatolie à une hauteur considérable. Tels sont aussi les lacs salés, les marais putrides que les eaux de la Mer-Noire ont laissés en se retirant autour de la péninsule de Crimée. L'examen géologique de la Russie méridionale ne permet pas non plus de douter que la mer Caspienne n'ait été séparée du Pont-Euxin par le soulèvement graduel des steppes du Don. La vaste dépression des plaines caspiennes qui s'étend au-dessous du niveau marin, et qui, d'après Halley, aurait été produite par le choc d'une comète, a eu tout au contraire pour véritable cause une lente élévation du sol. C'est à la même poussée des forces souterraines qu'il faut attribuer le rétrécissement graduel de la mer d'Aral et le fractionnement de ces innombrables lacs qui parsèment les steppes entre l'Oural et l'Altaï (1). Après les profondes recherches de Humboldt sur l'Asie centrale, il n'y a plus aujourd'hui de hardiesse à prétendre qu'à une certaine époque de la période actuelle un vaste détroit, semblable à celui qui longeait autrefois la base méridionale de l'Atlas, s'étendait de la Mer-Noire au golfe d'Obi et à l'Océan-Glacial.

Les observations de niveau faites sur les côtes de la Méditerranée n'ont pas seulement permis de constater que la plus grande partie de ce bassin intérieur de l'ancien monde et plusieurs contrées limitrophes se sont graduellement exhaussées; elles ont aussi indiqué les limites de l'aire de soulèvement. On les distingue d'une manière assez précise sur le littoral de la Syrie et de la Palestine; on voit même que dans cette région la surface du sol se plisse comme celle de l'eau, et forme une série de vagues et de dépressions oscillant en sens inverse. Tandis que les plages du golfe d'Iskanderoun gagnent incessamment en largeur par l'élévation du sol non moins que par les apports de la mer, on montre à Beyrouth une tour qui s'enfonce de plus en plus dans les eaux; encore plus au sud, l'ancienne île de Tyr s'est rattachée au continent, et plusieurs parties de la péninsule portent des traces du séjour de la mer à une époque récente; enfin Kaïsarieh et d'autres villes de la Palestine sont comprises dans une aire d'affaissement, ainsi que le prouvent des vestiges de fortifications visibles au-dessous du niveau de la Méditerranée. A l'est, toutes les côtes égyptiennes se soulevaient encore à une époque relativement très récente, puisque les lacs amers et les berges du Nil offrent d'anciennes plages portant des coquillages modernes; mais de nos jours le sol s'affaisse d'une manière continue et insensible. Des ruines de villes sont situées au milieu

(1) Dans ses magnifiques études, où l'imagination tient parfois autant de place que la science, le commandant Maury cherche à établir par des raisonnemens très ingénieux que le soulèvement des Andes, en modifiant le système des vents et des pluies dans le monde entier, a causé l'assèchement graduel des plaines de la Caspienne et de l'Aral.

de la plaine marécageuse du lac Menzaleh, que recouvre la mer pendant la majeure partie de l'année. Plus loin, un ancien bras du Nil, avec les rives qui le bordaient jadis, est caché en entier par les eaux de la Méditerranée. Mêmes phénomènes au-delà du Delta. D'anciennes descriptions d'Alexandrie et des environs ne pourraient plus être comprises, si l'on n'admettait un affaissement considérable du terrain. Des grottes artificielles, des catacombes, creusées du temps des Ptolémées à une certaine hauteur au-dessus de l'eau et connues improprement sous le nom de *bains de Cléopâtre*, sont envahies aujourd'hui par les vagues. Sur les bords de la Mer-Rouge, non loin de Suez, d'autres cavernes sépulcrales taillées dans la roche calcaire sont également inondées par suite de la dépression du sol. Peut-être ce mouvement du sol de l'Égypte est-il commun à toute cette partie de la Méditerranée qu'on pourrait nommer la mer égyptienne, car l'île de Crète, dont la pointe occidentale s'est élevée d'au moins 8 mètres dans l'époque moderne, s'abîme graduellement sous les eaux du côté le plus rapproché de l'Égypte. La nature elle-même cherche à détruire cet isthme de Suez qu'elle a formé jadis entre les deux continens, et, par son travail de percement, l'homme ne fait que devancer l'œuvre géologique des siècles à venir.

Le long des rivages de la mer Adriatique, au nord de Zara et de Pesaro, les géographes ont constaté d'autres phénomènes de dépression qui marquent la limite septentrionale de la grande aire méditerranéenne de soulèvement. Dès le milieu du XVI<sup>e</sup> siècle, Angiolo Eremitano émit l'opinion que les flots de Venise s'abaissaient d'environ un pied par siècle, et cette hypothèse, basée sur la comparaison des pavés superposés des rues et des édifices, a été pleinement confirmée depuis. Dans l'île de Saint-George, des constructions romaines se trouvent maintenant au-dessous du niveau des lagunes; ailleurs des routes pavées sont recouvertes par les eaux; des églises, des ponts se sont abaissés relativement à la surface de la mer. Enfin une ville entière, la Conca, située jadis non loin de la Cattolica, à l'embouchure du Crustummio, est entièrement submergée depuis quelques siècles, et lorsque la mer est tranquille, on voit encore dans les flots les restes de deux de ses tours. M. Giacinto Collegno pense que tous ces changemens de niveau sont produits par le tassement des terres d'alluvion qu'apportent le Pô et les autres rivières descendues des Apennins et des Alpes. C'est là une cause qui doit certainement contribuer pour une forte part à la dépression générale des bords vénitiens de l'Adriatique; mais elle n'est probablement pas la seule, car les côtes opposées de l'Istrie et de la Dalmatie s'affaissent aussi malgré la nature compacte de leurs roches. A Trieste, à Zara, dans l'île Poragnitza, on voit au-dessous du niveau marin divers travaux de l'*homme*, des pavés, des mosaïques, des sarcophages. D'ailleurs des sondages artésiens opérés dans le delta du Pô à de grandes profondeurs au-dessous de la mer n'ont ramené que des alluvions fluviatiles, ce qui établit d'une manière indubitable le fait d'une dépression graduelle du sol. La terre que va chercher la sonde au fond du puits artésien était jadis au-dessus du niveau de la mer.

Soit que toute l'Europe centrale participe au mouvement de dépression subi par les bords de l'Adriatique, soit qu'il s'agisse d'un phénomène local, les côtes méridionales de la Manche et de la Mer du Nord s'affaissent aussi, bien qu'avec une excessive lenteur. Sur le littoral de Bretagne, de Normandie, de nombreuses forêts englouties et des édifices assiégés par les eaux de marée prouvent que le sol a baissé pendant la période actuelle. Il paraît toutefois que diverses ondulations semblables à celles de la côte de Syrie se sont produites sur ces rivages, car en plusieurs endroits on a découvert des plages de sable et de coquilles modernes à une hauteur de 12 et de 15 mètres au-dessus du niveau de la mer. A une époque reculée et néanmoins déjà contemporaine de l'homme, la vallée de la Somme s'élevait aussi; mais depuis des milliers d'années elle s'affaisse lentement, puisque des forêts sous-marines bordent le littoral et que les tourbières d'Abbeville, dont le fond est situé en contre-bas de la baie de Somme, n'offrent d'autres débris que les restes d'animaux et de végétaux vivant sur terre ou dans les eaux douces; lorsque les mousses des tourbes ont commencé de croître, le sol de la vallée devait donc être plus élevé que la surface des mers voisines.

Dans les Flandres et la Hollande, les phénomènes d'affaissement ont été sinon plus considérables, du moins bien plus importans par leurs résultats, à cause du niveau très bas que présentent ces contrées relativement à la mer. La simple énumération des catastrophes successives amenées par cette dépression graduelle constitue une histoire terrible. Pendant le cours du IIIe siècle, nous dit la tradition, l'île de Walcheren est séparée du continent; en 860, le Rhin se déplace, inonde les campagnes; le château de Caligula (*arx britannica*) reste au milieu des flots. Vers le milieu du XIIe siècle, la mer fait une nouvelle irruption, et le lac Flevo se change en un golfe pour s'élargir encore en 1225 et former le Zuyderzée. En 1231, les lacs de Harlem commencent à perler sur le sol, qui s'affaisse, puis, grossissant peu à peu, se réunissent les uns aux autres, et vers le milieu du XVIIe siècle s'étalent en une mer intérieure. En 1277 et 1421, deux autres golfes, le Dollart et le Biesbosch, se creusent dans l'épaisseur du continent, et noient les paysans par milliers. De nos jours, les *polders* endigués s'affaissent d'une manière visible (1). Comme un radeau graduellement submergé par les vagues, la Hollande s'enfoncerait lentement dans l'abîme, si les habitans du pays, acceptant la lutte contre les élémens, n'avaient muré leur territoire au moyen de digues et ne l'asséchaient par d'immenses travaux de drainage qui feront à jamais l'étonnement des hommes. Quelques savans, à la tête desquels se range l'éminent géologue Staring, pensent que la dépression graduelle des terres endiguées a pour seules causes le tassement du sol d'alluvion, le poids des digues surincombantes (2) et le passage incessant des hommes et du bétail. Quelle que soit l'importance de ces causes réunies, les phénomènes d'affaissement constatés depuis quinze siècles sont assez considérables pour qu'il soit permis d'accepter l'hypothèse de M. Élie de Beaumont sur la dépression du sol hollandais. Toutes les côtes voisines, celles de l'Angleterre méridionale aussi bien que celles du Hanovre et du Slesvig, offrent d'ailleurs en maints endroits, par leurs tourbières sous-marines, leurs forêts englouties et leurs tombeaux noyés, des preuves certaines d'un affaissement considérable. Sur les rivages occidentaux du Slesvig, la moindre dépression a été de 4 mètres pendant la période actuelle; à Bornholm, elle a été d'environ 8 mètres d'après Forchhammer, et l'envahissement continuel des mers témoigne que la terre s'affaisse encore. La Poméranie, la Prusse orientale, semblent participer à ce mouvement, car sur plusieurs points de leurs rivages incessamment envahis on a découvert des forêts à plusieurs mètres de profondeur au-dessous du niveau de la mer. La Manche et les parages méridionaux de la Mer du Nord et de la Baltique peuvent donc être considérés comme un fossé de dépression, comme une longue vallée d'affaissement, séparant l'aire soulevée du nord de l'Europe et celle dont les côtes du Poitou marquent l'extrémité septentrionale.

## III.

Le Nouveau-Monde, ce double continent dont l'architecture se distingue par des traits généraux d'une si grandiose simplicité, offre également une régularité remarquable dans le jeu de ses lentes oscillations. Celles-ci, bien plus faciles à étudier que les mouvemens des péninsules accidentées de l'Europe, sont aussi mieux connues, et depuis l'époque où l'illustre naturaliste Darwin a constaté, par

(1) Voyez une étude de M. Émile de Laveleye dans la *Revue des Deux Mondes* du 1er novembre 1862.

(2) Il semble au contraire qu'en pesant sur la masse plus ou moins élastique des *polders*, ces constructions devraient avoir pour effet d'exhausser la surface des terres environnantes.

de longues et patientes recherches, qu'une grande partie de l'Amérique méridionale s'élève d'une manière incessante, les savans et les voyageurs n'ont eu qu'à confirmer le résultat de ses recherches.

C'est principalement sur les côtes du Chili que les traces du soulèvement général de la contrée sont de toute évidence. Au pourtour de maint promontoire, à l'issue de plusieurs des vallées qui découpent profondément les massifs montagneux du littoral, on distingue d'anciennes plages marines sur lesquelles des coquillages de l'époque actuelle, semblables à ceux qui vivent aujourd'hui dans les baies voisines, sont parsemés ou même entassés en couches épaisses. Ces plages, que des falaises ou des escarpemens de hauteurs diverses séparent les unes des autres, ressemblent aux marches d'escaliers gigantesques. On voit en les regardant que la côte ne s'est pas élevée d'un mouvement égal, et que des intervalles de repos relatif se sont écoulés entre chacune des étapes fournies par la masse grandissante des roches. Sur les collines de l'île de Chiloe, M. Darwin a trouvé des amas de coquillages modernes à 106 mètres de hauteur; au nord de la Concepcion, plusieurs lignes de niveau, sculptées par les flots pendant la période actuelle, se montrent à une élévation de 190 à 300 mètres; près de Valparaiso, elles n'ont pas moins de 395 mètres au-dessus du niveau de la mer, mais elles s'abaissent au-delà de la ville, et sur la frontière de la Bolivie elles dominent le niveau marin de 60 à 75 mètres seulement. Ainsi la poussée des roches se fait sentir surtout dans les régions du littoral qui se trouvent sous la même latitude que les sommets les plus élevés des Andes chiliennes, l'Aconcagua, le Maypu, le Tupungato. On peut en induire que ces hautes cimes indiquent le point central de la fraction d'écorce soulevée, et ne cessent de grandir elles-mêmes plus rapidement encore que les plateaux et les rivages situés au-dessous. En effet, au Chili comme en Norvége, les terrasses qui dominent d'anciennes baies ou des embouchures de vallées ne sont point horizontales comme elles le paraissent; elles se redressent peu à peu vers les montagnes, et sont d'autant plus élevées qu'elles s'éloignent davantage des côtes actuelles. La force soulevante agit donc avec plus d'énergie sous les Andes chiliennes que sous les roches du littoral voisin. Les blanches cimes montent graduellement dans le ciel.

Des mesures trigonométriques poursuivies pendant une longue série d'années permettront plus tard de reconnaître cette croissance des colosses du Chili dans la région des neiges éternelles; mais jusqu'à ce jour les seuls calculs établis au sujet de la rapidité du soulèvement des Andes reposent sur l'étude des rivages marins étendus à leur base. Par la comparaison de l'état actuel des choses avec les témoignages historiques, M. Darwin prouve que dans l'espace de dix-sept années, compris entre 1817 et 1834, le sol de Valparaiso s'est élevé de 3m 20, soit environ de 19 centimètres par an. Ce mouvement très rapide avait été précédé d'un repos relatif, car de 1614 à 1817, pendant plus de deux siècles, l'élévation de la plage, telle qu'elle est démontrée par l'examen des lieux, n'a certainement pas dépassé 1m 80. A Coquimbo, à la Concepcion, dans l'île de Chiloe, l'émergement des rivages s'est opéré plus lentement encore; mais, si imperceptible que soit le phénomène, il ne s'en produit pas moins pendant le cours des âges, et finit par changer d'une manière complète l'aspect des côtes américaines. Plusieurs anciens ports jadis fréquentés sont inaccessibles aujourd'hui; d'autres se sont formés grâce à l'assèchement de pointes protectrices; des îles nombreuses, toujours désignées par le nom indien de *huapi*, sont devenues des promontoires.

Les témoignages d'un soulèvement graduel sont également visibles sur les côtes de la Bolivie et du Pérou. Dans la zone occidentale du désert d'Atacama, le sol, couvert de coquilles et d'efflorescences salines, semble avoir été abandonné d'hier par l'océan. Au-dessus de Cobija, d'Iquique, de plusieurs autres villes du littoral, se profilent des degrés pareils à ceux de Coquimbo, et qui étaient, comme eux, baignés naguère par le Pacifique. Devant Arica, la mer a reculé de 150 mètres dans l'espace de quarante ans, et les négocians du port ont dû en conséquence faire prolonger d'autant le débarcadère; mais c'est en face de Callao, sur l'une des falaises de l'île San-Lorenzo, que l'on a recueilli la preuve la plus intéressante de l'élévation du littoral pendant la période humaine. A 26 mètres de hauteur au-dessus de la mer, M. Darwin a découvert dans une couche de coquillages modernes déposés sur une terrasse des racines d'algues, des ossemens d'oiseaux, des épis de maïs, des roseaux tressés, enfin une ficelle de coton presque entièrement décomposée. Ces débris de l'industrie humaine ressemblent d'une manière parfaite à ceux qui se trouvent dans les *huacas* ou nécropoles des anciens Péruviens. Il n'est pas douteux que l'île de San-Lorenzo et probablement tout le littoral voisin se sont élevés d'au moins 26 mètres depuis que l'homme rouge habite la contrée. Il paraît néanmoins que de nos jours le sol qui porte Callao s'affaisse de nouveau, car l'emplacement où se trouvait l'ancienne ville est maintenant en grande partie sous les eaux. Cette dépression n'est peut-être qu'un fait local, et n'affecte que pour un temps le mouvement général d'ascension du littoral, car plus au nord, à Colon, à Santa-Marta et sur un grand nombre de points de la côte néo-grenadine, le sol s'est élevé visiblement depuis que les Européens ont débarqué sur le continent. En admettant toutefois que Callao forme en effet la limite septentrionale de l'aire de soulèvement dont le centre paraît être au Chili, il reste prouvé que la masse soulevée offre du sud au nord une longueur d'au moins 4,000 kilomètres. C'est presque la distance de Paris à Tobolsk.

Les mouvemens actuels de la côte orientale de l'Amérique du Sud n'ont pas été reconnus d'une manière aussi certaine que ceux des rivages occidentaux, sans doute à cause de leur extrême lenteur. L'examen des faits géologiques prouve que le sol s'est élevé pendant la période post-pliocène, c'est-à-dire pendant l'âge des coquillages encore existans et des grands animaux qui furent les contemporains de nos pères, le mégathérium, le mastodonte, le glyptodon. Les pampas argentines ont conservé l'apparence uniforme de l'océan qui les couvrait jadis; les terrasses parallèles de la Patagonie, se prolongeant à plus de 800 kilomètres de distance, varient à peine de quelques mètres en hauteur sur divers points de leur immense développement, et les bras de mer qui serpentaient à travers la péninsule terminale de l'Amérique et la Terre-de-Feu gardent tous leurs anciens contours. Actuellement cette masse continentale, qui s'élevait avec une majestueuse lenteur, paraît osciller en sens inverse, et d'un mouvement imperceptible redescendre vers le niveau de l'Atlantique. Au pied des hautes falaises de la Patagonie, la mer ne cesse de s'agrandir aux dépens du continent, et quoique les brisans n'aient pas assez de force pour démolir les couches rocheuses à plus de 4 ou 5 mètres au-dessous de la surface, la profondeur des eaux marines n'en augmente pas moins d'une pente égale à mesure qu'on s'éloigne du rivage en voguant sur l'antique emplacement des falaises. Le fond de la mer s'affaisse donc, et en même temps la masse énorme des plateaux qui pendant la période récente des grands mammifères s'étaient élevés avec une si merveilleuse régularité. Sur la côte du Brésil, notamment à Bahia, diverses dépressions récentes semblent indiquer que là aussi la surface du continent s'abaisse régulièrement. Toutefois les faits connus ne sont pas encore assez nombreux pour autoriser une affirmation catégorique. C'est déjà pour la science un résultat des plus importans que d'avoir constaté le mouvement de bascule qui soulève toutes les côtes occidentales de l'Amérique, de l'île Chiloe à Callao, et déprime le versant oriental des Andes argentines et de la Patagonie. Ainsi une grande partie du continent colombien gagne incessamment d'un côté ce qu'elle perd de l'autre, et chemine sur les eaux de l'océan en voyageant vers l'ouest.

Dans l'Amérique du Nord, les oscillations du sol n'ont pas été reconnues sur une longueur aussi considérable que dans le continent du sud; mais les rares observations déjà faites sur quelques points du littoral font considérer comme très probable l'hypothèse d'un soulèvement général auquel l'une des chaînes parallèles des

Montagnes-Rocheuses ou de la Sierra-Nevada servirait d'axe. La zone riveraine du Tamaulipas et du Texas s'accroît assez rapidement en largeur, non-seulement parce que les vents du midi, qui soufflent durant presque toute l'année, apportent de grandes quantités de sables, mais aussi parce que le sol s'élève. En dix-huit années, de 1845 à 1863, les plages de la baie de Matagorda se sont exhaussées de 30 à 60 centimètres, et par suite de cette croissance graduelle de la terre, qu'attestent les amas de coquillages abandonnés loin des rivages, le port d'Indianola a dû être transféré à Powderhorn, à 7 kilomètres plus près de l'entrée. La péninsule de la Floride et l'archipel des Bahamas sont également soulevés par les forces intérieures, ainsi que le prouvent les bancs de coraux redressés au-dessus du niveau de la mer. Ces mystérieux monticules, ces volcans de boue (*mud-lumps*) qui parsèment la côte autour des bouches du Mississipi, et dont un voyageur français, M. Thomassy, a tâché d'expliquer la naissance par la pression des eaux souterraines, paraissent aussi témoigner en faveur d'une élévation générale de la contrée. La direction même que suit le grand fleuve rend très probable que l'axe de soulèvement du continent nord-américain est marqué par les Montagnes-Rocheuses, car au lieu de gagner sur les campagnes de sa rive droite, ainsi qu'il devrait le faire en vertu de la rotation du globe, le Mississipi érode les collines de sa rive gauche, puis, arrivé dans les terres basses de son delta, coule au sud-est, parallèlement aux diverses rivières du Texas et à l'arête des Rocheuses. Il est donc à présumer que la surface immense du continent, se redressant surtout à l'ouest, fait dévier à l'orient toutes les eaux courantes qui la traversent.

Quant à la zone orientale de l'Amérique du Nord, elle ne s'élève pas d'une manière uniforme, car s'il est prouvé que les côtes du Labrador et celles de Terre-Neuve se sont lentement exhaussées, il est certain que d'autres contrées s'affaissent. Dans son second voyage aux États-Unis, sir Charles Lyell a constaté que certaines côtes de la Georgie et de la Caroline du sud subissent un mouvement de dépression. De même toute la partie du littoral dont la baie de New-York forme le centre et que terminent au nord le cap Cod, au sud le cap Hatteras, s'est graduellement abîmée sous les eaux de l'Atlantique, et cet affaissement n'a point encore cessé, du moins pour les côtes du New-Jersey. Une île, indiquée sur une carte de 1649 comme présentant une superficie de 120 hectares, offre de nos jours à peine une vingtaine d'ares à marée basse, et le flux la submerge entièrement. Les arpenteurs chargés du cadastre ont calculé que les rivages de la baie de Delaware perdent en moyenne près de 2 mètres 1/2 tous les ans. Autant qu'il est possible d'en juger par les observations faites depuis la colonisation du pays, la dépression lente de cette partie des côtes américaines peut être évaluée à 60 centimètres par siècle. Dans la grande île du Groënland, qui doit être considérée comme une dépendance de l'Amérique du Nord, le progrès de l'affaissement graduel semble être beaucoup plus rapide encore. Depuis longtemps déjà, les Esquimaux connaissent ce phénomène, et les colons danois de la côte orientale ont pu le constater dès le dernier siècle en voyant sur une longueur de plus de 1,000 kilomètres les écueils, les promontoires avancés et leurs propres demeures disparaître peu à peu sous les eaux envahissantes. Tandis que les terres émergent au nord de l'Europe et de l'Asie, un mouvement inverse se produit dans les régions polaires du Nouveau-Monde.

## IV.

L'étude des rivages n'a pas seulement permis de constater les soulèvemens et les dépressions des grandes masses continentales, elle a aussi révélé aux savans les oscillations des espaces océaniques, car les îles nombreuses qui se montrent solitaires ou par groupes dans la Mer du Sud et dans l'Océan-Indien ont servi de témoins pour constater les mouvemens du sol qui les porte. Lignes d'érosion, terrasses parallèles, bancs de coquillages modernes, toutes ces marques du séjour des eaux indiquent pour chacune des îles du Pacifique comme pour les côtes de l'Europe et du Nouveau-Monde les divers exhaussemens qui se sont produits; mais la plupart de ces terres ont en outre de vivantes ceintures de coraux qui mesurent d'une manière précise tous les changemens de niveau, élévation ou dépression, que subissent les plages. La découverte de ce fait, que les oscillations terrestres sont pour ainsi dire rendues visibles par les travaux des polypiers, est sans aucun doute l'une des conquêtes les plus importantes de la géographie moderne, et c'est encore aux patientes recherches, à la sagacité de M. Charles Darwin, que la science en est redevable. Comparant ses propres observations avec celles des explorateurs qui l'avaient précédé, le géologue anglais a pu signaler, comme s'il les avait vus de ses propres yeux, les mouvemens divers qui soulèvent ou dépriment le lit de l'océan sur une étendue aussi considérable que celle des deux continens d'Europe et d'Asie.

Tous les voyageurs qui ont parcouru la Mer du Sud ont été frappés d'étonnement à la vue des récifs élevés par les polypiers au milieu des eaux. Parmi ces récifs, les uns environnent à distance des îles ou même des archipels entiers; les autres, éloignés de toute terre, sont disposés en forme d'anneaux ou de croissans plus ou moins allongés autour de lagunes ou de baies remarquables par leur eau d'un vert pâle : ce sont les *atolls*. On sait quel est l'étrange aspect de ces bancs de coraux assiégés par la mer. Dans les parties de l'anneau où les constructions des polypiers et des madrépores n'ont pas encore atteint la surface, les flots qui passent au-dessus de la digue sous-marine se soulèvent en brisans d'écume. En d'autres endroits du récif, on voit poindre au-dessus de la vague des écueils d'une blancheur éblouissante ou d'un rose délicat. Vient ensuite une rangée semi-circulaire d'îlots semblables à des pierres druidiques érigées en pleine mer par des géans. Enfin, sur les terres émergées qui occupent la partie de l'*atoll* la plus exposée à la violence des lames et des vents, se balancent des cocotiers, soit en simples groupes, soit en véritables bosquets. Telle est la forme la plus commune des récifs parmi les milliers d'atolls qui parsèment la Mer du Sud. Lorsque les bancs de coraux ne sont pas encore achevés, leur position ne se révèle que par un cercle de brisans; ceux qui sont arrivés au dernier degré de leur développement forment un bois circulaire qui, vu de haut, semblerait une couronne de feuilles flottant sur les eaux bleues.

Comment ces étranges récifs se sont-ils élevés? Les polypiers aimant à bâtir au milieu de l'eau qui déferle, on comprend que, partout où se trouve un banc sous-marin, les récifs de coraux affectent, comme les brisans eux-mêmes, une disposition plus ou moins annulaire; mais là où la sonde ne révèle aucun bas-fond caché aux abords des atolls, comment se fait-il que les polypiers aient pu faire surgir du fond de l'abîme leurs habitations calcaires? Pour expliquer ce phénomène, on avait imaginé les hypothèses les plus bizarres : on prétendait voir dans chaque atoll le pourtour d'un cratère que les forces intérieures du globe auraient soulevé jusqu'à une distance de quelques mètres de la surface, de manière à fournir une base aux travaux des polypiers. Quand même cette explication serait vraie pour un nombre limité d'atolls, il serait incompréhensible que des milliers et des milliers de volcans se fussent élevés uniformément à la même hauteur au-dessous du niveau marin; on ne saisirait pas davantage pourquoi les cratères de ces prétendus volcans affecteraient souvent les formes les plus irrégulières; enfin il serait impossible de concevoir pourquoi, sur ces multitudes de récifs annulaires qui constituent plusieurs archipels, — notamment la double rangée des Maldives, longue de 750 kilomètres et large de 80, — aucun atoll ne s'est jamais signalé par une éruption de laves ou de cendres. La forme de ces récifs ne se rattache donc pas aux phénomènes volcaniques proprement dits : elle ne peut s'expliquer, comme tant d'autres faits de l'histoire terrestre, que par des mouvemens lents de la surface. L'affaissement du lit des mers fait comprendre la formation des atolls et des barrières de récifs que de profonds canaux séparent des côtes; en revanche, une graduelle élévation du sol explique la position des coraux qui frangent le littoral à une certaine hauteur au-dessus des flots.

Ainsi les récifs des polypiers peuvent servir de mesure aux oscillations que subissent les rivages continentaux, les îles et même les abîmes de la mer. Il est facile de constater le mouvement des terres qui s'exhaussent, puisqu'on voit alors les bancs de coraux s'appuyer sur la rive et parsemer de leurs débris les plages élevées au-dessus du niveau de la mer : souvent aussi on distingue les canaux qui les séparaient anciennement du littoral, et sur les hauteurs de plusieurs îles on aperçoit des bancs calcaires qui doivent évidemment leur origine à des polypiers. Quant aux îles à coraux qui ne sont pas comprises dans une aire de soulèvement, elles sont entourées de récifs annulaires construits au milieu des eaux à une certaine distance du rivage. Lorsque cette distance est faible et que les bancs de coraux offrent une épaisseur peu considérable, rien ne prouve que le niveau des côtes ait changé, car les observations des savans montrent que les polypiers peuvent vivre et bâtir leurs habitations rocheuses à une profondeur de 30 à 45 mètres. Toutefois les murs de corail et de sable calcaire qui forment les parois extérieures du récif descendent généralement beaucoup plus bas; la plupart reposent sur des talus composés de leurs propres débris et plongeant dans la mer avec une pente de 45 degrés jusqu'à des abîmes de plusieurs centaines et même de plusieurs milliers de mètres. Il est évident qu'en pareil cas le fond de l'océan s'est affaissé. Les polypiers ont commencé leurs constructions à quelques mètres au-dessous de la surface, puis, à mesure que s'enfonçait le sol avec leur édifice de corail, ils montaient, montaient sans cesse pour se rapprocher de la lumière. Les îles montagneuses qu'ils entourent à distance de leurs récifs diminuent graduellement en hauteur et laissent entre elles et la barrière de coraux un canal de plus en plus large et profond. Le jour vient où, réduites à l'état d'îlots, elles se divisent en pitons isolés qui, l'un après l'autre, plongent et disparaissent dans la mer. Alors il ne reste plus qu'un atoll, enfermant entre ses parois grandissantes, une lagune où les débris calcaires s'amassent lentement : d'étroites plages et des récifs, pareils à des épaves flottant encore au-dessus d'un navire qui sombre, entourent l'espace où l'île s'est engloutie. Parfois cependant le mouvement de dépression est trop rapide pour que les polypiers puissent maintenir leurs demeures à fleur d'eau, ils dépérissent peu à peu, et les atolls, que d'innombrables générations de constructeurs avaient élevés assise par assise, disparaissent pour former des bas-fonds annulaires. Tel est, au sud des Maldives, le grand banc de

Chagos, que les sondages démontrent avoir été jadis l'un des atolls les plus vastes de l'océan des Indes.

Grâce aux témoignages que fournissent les récifs de corail, et que d'autres indices complètent d'ailleurs sur un grand nombre de points, il est possible maintenant de fixer d'une manière assez précise les limites de chacune des aires d'oscillation qui se partagent l'hémisphère compris entre les côtes de l'Amérique du Sud et celles de l'Afrique. Tandis que le groupe des Sandwich se soulève comme s'il obéissait encore aux forces qui font grandir le continent américain, on voit s'enfoncer peu à peu les archipels du bassin central de la Mer du Sud, les Iles Basses et celles de la Société, les rangées de Gilbert et de Marshall, les Carolines; en un mot toute cette « voie lactée » d'îles, d'îlots et de récifs, qui s'étend diagonalement à travers le Pacifique, sur une longueur de plus de 13,000 et une largeur moyenne de 2,000 kilomètres. Ce sont les débris d'un ancien continent qui s'enfonce avec les populations qu'il portait autrefois. Depuis que les premiers navigateurs européens ont visité ces parages, plusieurs îles ont déjà disparu, et d'autres, telles que le Whitsunday, ont considérablement diminué d'étendue.

Parallèlement à cette grande aire de dépression, deux fois et demie plus vaste que l'Europe, se renfle une énorme vague de soulèvement qui coïncide avec le demi-cercle de volcans entourant à l'ouest le bassin de la Mer du Sud. La Nouvelle-Zélande, située à l'extrémité méridionale de ce renflement qui repose sur un long sillon de feu, s'exhausse d'une manière assez considérable pour que les colons anglais, arrivés depuis quelques années à peine, aient pu voir les promontoires grandir et les bancs de rochers obstruer graduellement l'entrée des ports. Au commencement de l'époque actuelle, les montagnes de la Nouvelle-Zélande étaient plus basses de 1,500 mètres au moins, et les *icebergs* d'un continent disparu venaient avec leur chargement de blocs erratiques échouer sur les îlots naissans; mais depuis lors les alpes néo-zélandaises se sont élevées à dix reprises successives, ainsi que le prouvent les dix terrasses étagées sur leurs flancs. De nos jours, elles grandissent encore. Depuis dix ans, les plages de Lytleton se sont élevées d'un mètre. Les Nouvelles-Hébrides, les îles Salomon, les côtes septentrionales et occidentales de la Nouvelle-Guinée, les terres nombreuses qui forment le grand archipel de la Sonde et que leur faune tout asiatique prouve avoir fait naguère partie du continent voisin, croissent aussi après s'être affaissées, et des bancs de coraux émergés s'ajoutent sans cesse aux rivages.

A l'angle du continent d'Asie, la vague d'élévation se bifurque pour entourer la mer de Chine, que bordent les côtes graduellement déprimées de la Cochinchine et du Tonquin. Au nord, la région soulevée se continue vers l'Amérique par les Philippines, Formose, les îles Liou-Kieou, le Japon, la grande île Sakhaline, les régions de l'Amour, le Kamtchatka, c'est-à-dire toutes les terres que traverse la fissure d'éruption des volcans du Pacifique. A l'ouest, Sumatra, frangée sur sa rive orientale de péninsules qui furent naguère des îles et qui en portent encore le nom (*poulo*), est le point de départ d'un autre mouvement d'élévation comprenant toutes les côtes situées autour du golfe du Bengale. Les archipels de Nicobar et d'Andaman s'élèvent peu à peu; l'île de Ceylan s'exhausse également, du moins en partie, et peut-être la chaîne d'écueils qui la réunit à l'Indoustan, et qui d'après la légende servit autrefois de pont à la triomphante armée du singe Hanouman, finira tôt ou tard par constituer un isthme véritable. Il paraîtrait que le cours inférieur du Gange est aussi compris dans l'aire de soulèvement du golfe du Bengale, et que le pays tout entier subit un mouvement de bascule du sud au nord, car les affluens inférieurs du Gange, le Coosy, le Mahanady, le Soane, ne cessent de déplacer leurs embouchures vers l'amont. Ce dernier cours d'eau a déjà reculé de 7 kilomètres depuis quatre-vingts ans. D'après M. Ferguson, c'est vers le confluent du Gange et du Gogra que se trouverait la limite occidentale de la vague d'élévation qui commence aux îles de la Nouvelle-Zélande, à 13,000 kilomètres de distance vers le sud-est.

Quant à l'espace occupé par l'Australie et l'océan des Indes proprement dit, il se trouve presque en entier, comme le bassin central du Pacifique, situé dans une aire de dépression graduelle. Tandis que de la Nouvelle-Guinée à Sumatra et aux Philippines un nouveau continent émerge des eaux, le vieux continent australien, si remarquable par sa faune et sa flore, qui semblent appartenir à une époque géologique antérieure, s'enfonce peu à peu avec les îles environnantes, la Louisiade, la Nouvelle-Calédonie et les récifs de la Mer de Corail. Jusqu'à présent, on ne connaît encore qu'une seule partie de l'Australie qui subisse un mouvement continu d'élévation : c'est le district de Hobson's-bay, près de Melbourne, qui, d'après M. Becker, s'élèverait d'environ 10 centimètres par an. Quoi qu'il en soit, la grande masse du continent s'affaisse insensiblement, et les polypiers qui entourent les côtes sont obligés d'élever de plus en plus leurs récifs. A l'ouest de l'Australie, l'Océan-Indien est presque entièrement dépourvu d'îles; mais toutes celles qui sortent des profondeurs marines sur un espace de plus de 6,000 kilomètres en largeur sont des atolls qui s'engouffreraient lentement, si les polypiers n'en exhaussaient incessamment les bords. Parmi ces îles se trouvent le célèbre atoll de Keeling, que M. Darwin a étudié avec tant de profit pour la science, et l'archipel des Maldives, cette double chaîne de montagnes sous-marines dont chaque cime est couronnée par une tiare de corail se dressant au-dessus des eaux.

Ainsi l'espace qui s'étend sur les deux tiers de la rondeur du globe, des côtes orientales de l'Amérique aux rivages occidentaux de l'Océan-Indien, offre deux aires de soulèvement et deux aires de dépression se succédant régulièrement de l'est à l'ouest. Après le continent américain, qui s'exhausse avec lenteur, viennent les innombrables îles basses de l'Océanie, dont la plupart auraient déjà disparu depuis longtemps, si les travaux des polypiers ne les maintenaient au niveau des flots; puis se développe en un vaste demi-cercle, signalé de loin par ses volcans, une large zone d'îles et de plages qui s'élèvent graduellement, comme pour remplacer dans l'avenir le vieux continent d'Australie. Enfin les mêmes causes qui dépriment le lit du Pacifique central font également baisser celui de l'Océan-Indien avec ses bas-fonds et ses récifs. Au-delà se trouve la masse énorme de l'Afrique, dont les côtes n'ont encore été explorées par les savans que çà et là et sur de faibles étendues. Cependant assez d'observations ont été faites pour qu'il soit permis de considérer l'Afrique orientale et les terres qui en dépendent comme une troisième vague de soulèvement correspondant à celles de l'Amérique et des îles de la Sonde. Les bancs de coraux qui entourent Maurice, La Réunion, Madagascar, ceux qui bordent la côte africaine de Mozambique à Mombaze témoignent de l'élévation du sol; de même les rivages méridionaux de la Mer-Rouge montrent encore, à diverses hauteurs, des traces évidentes du séjour récent des eaux marines. La plupart des voyageurs qui ont visité ces contrées ont été frappés des récifs émergés, des plages blanches de sel, des baies abandonnées dans l'intérieur des terres et transformées en marécages (1). Du côté du nord, c'est non loin de l'isthme de Suez que la lente élévation du sol est remplacée par un mouvement inverse; mais on ne sait pas encore où se montrent, du côté de l'ouest, les premiers indices d'un affaissement graduel. Toujours est-il qu'au-delà du continent africain Madère, Sainte-Hélène et probablement aussi les Canaries, seuls restes de l'ancienne At-

(1) Voyez Ferret et Gallinier, *Voyage en Abyssinie*, p. 187 et suivantes. Les savans qui les avaient précédés, Rüppel, Salt, Valençia, avaient constaté les mêmes phénomènes. M. Lejean, dans un récent voyage, a reconnu que la croissance du sol a complétement séparé de la mer et changé en une simple mare l'ancien port de Djeddah, qui, du temps de Niebuhr, était encore accessible aux navires d'un faible tonnage. D'ailleurs Niebuhr dit lui-même que l'examen des lieux prouve d'une manière incontestable la retraite des eaux. Les populations riveraines affirment que le fond et les bords de la Mer-Rouge changent tous les vingt ans.

lantide (1), s'abîment peu à peu dans l'océan. Tous les faits militent ainsi en faveur de l'hypothèse d'après laquelle le pourtour du globe offrirait dans sa partie équatoriale trois vagues de soulèvement séparées les unes des autres par trois dépressions intermédiaires. Les centres de chaque dépression tombent au milieu d'un océan; les trois régions exhaussées sont précisément le grand archipel de la Sonde, espèce de continent en formation, et les masses énormes de l'Afrique et de l'Amérique du Sud. On le comprend, ces oscillations régulières de la surface terrestre ne peuvent s'accomplir qu'en vertu d'une loi générale encore inconnue, mais certaine. On ne saurait y voir de simples phénomènes locaux produits par des tremblemens volcaniques, des tassemens ou des ruptures de l'écorce terrestre, et d'ailleurs ces faits eux-mêmes, partout où ils se produisent, sont déterminés par des causes qui affectent la masse entière de la planète.

Un jour, lorsque les savans auront observé du pôle nord au pôle sud toutes les lignes de niveau, tous les débris que la mer a laissés comme autant de mesures de précision sur le littoral des terres et sur les flancs des montagnes, on pourra dire exactement quelles sont les dimensions de chaque vague de soulèvement et quelle force d'impulsion les anime. On saura si les régions exhaussées égalent toujours en étendue les régions qui s'affaissent, si la surface de la terre, semblable à celle de tous les corps vibrans, offre certaines « lignes nodales » autour desquelles les parties agitées se disposent en figures rhythmiques, si les continens et les mers, soulevés et déprimés tour à tour comme par une marée séculaire, se déplacent lentement autour de la planète. Quoi qu'il en soit, il demeure incontestable qu'un mouvement incessant fait onduler l'écorce dite rigide de notre globe. Les masses continentales s'élèvent pendant une longue série de siècles, puis elles s'abaissent de nouveau pour s'exhausser encore. Et toutes ces oscillations, comparables au va-et-vient d'un balancier, s'accomplissent avec lenteur et majesté. La Scandinavie, qui s'élève actuellement, s'abaissait pendant la période glaciaire, et les populations qui, dès cette époque, y faisaient leur demeure, étaient forcées d'abandonner pas à pas les vallées transformées en *fjords*. De même les Andes chiliennes et les montagnes de la Nouvelle-Zélande, aujourd'hui grandissantes, se sont abaissées par degrés, les premières de 2,500, les secondes de 1,500 mètres, avant de s'exhausser comme elles le font aujourd'hui. Sur un grand nombre d'autres points, au Pérou, en Égypte,

(1) Les recherches de Heer sur la flore des îles de l'Atlantique ont donné un caractère de grande probabilité à l'existence d'un ancien continent placé entre l'Europe et les Antilles.

dans l'Amérique du Nord, des changemens de même nature ont eu lieu pendant l'ère actuelle de l'histoire géologique et sans qu'aucune révolution violente ait bouleversé la terre. Les continens s'élèvent et s'abaissent comme par une respiration lente.

Tout change, tout est mobile dans l'univers, car le mouvement est la condition même de la vie. Jadis les hommes, que l'isolement, la haine et la peur laissaient dans leur ignorance native et remplissaient du sentiment de leur propre faiblesse, ne voyaient autour d'eux que l'immuable et l'éternel. Pour eux, le ciel était une voûte solide, un *firmament* sur lequel étaient clouées les étoiles, la terre était l'inébranlable fondement des cieux, et rien, si ce n'est un miracle, ne pouvait en faire osciller la surface; mais depuis que la civilisation a rattaché les peuples aux peuples dans une même humanité, depuis que l'histoire a renoué les siècles aux siècles, que l'astronomie, la géologie, ont fait plonger le regard jusqu'à des milliards d'années en arrière, l'homme a cessé d'être isolé et pour ainsi dire d'être mortel. Ne rapportant plus la vie des astres ni celle de la terre à sa propre existence, si rapide, si fugitive, mais la comparant à la durée de sa race entière et à celle de tous les êtres qui ont vécu avant lui, il a vu la voûte céleste se résoudre en un espace infini et la terre se transformer en un petit globe tournoyant au milieu de la voie lactée. Le sol ferme qu'il foule aux pieds, et qu'il croyait immuable, s'anime et s'agite; les montagnes se redressent ou s'affaissent; non-seulement les vents et les courans océaniques circulent autour de la planète, mais les continens eux-mêmes, se déplaçant avec leurs sommets et leurs vallées, se mettent à cheminer sur la rondeur du globe. Les couches rocheuses oscillent comme la mer; elles aussi sont soumises à l'attraction des astres, puisque les tremblemens de terre sont plus fréquens à l'époque des pleines et des nouvelles lunes; elles aussi ont leurs marées diurnes, invisibles à nos regards, mais démontrées par le calcul. Peut-être même prouvera-t-on un jour que, dans le sein de la terre, s'accomplit un échange des molécules solides pareil à la circulation des molécules aériennes et liquides de l'atmosphère et de l'océan. Sans insister sur cette hypothèse, que l'état de la science ne justifie peut-être pas encore, qu'il nous suffise de reproduire en terminant ces paroles de Darwin : « Le temps viendra où les géologues considéreront le repos de l'écorce terrestre pendant toute une période de son histoire comme aussi improbable que le serait le calme absolu de l'atmosphère pendant toute une saison de l'année. »

ÉLISÉE RECLUS.

www.ingramcontent.com/pod-product-compliance
Ingram Content Group UK Ltd.
Pitfield, Milton Keynes, MK11 3LW, UK
UKHW021203230726
13926UKWH00001B/276

9 782016 156209